CHAI

Diario
para
calmar
tu mente

CHARLIE AMBLER

Diario para calmar tu mente

Encuentra el balance
y alivia el estrés

DIANA

Obra editada en colaboración con Editorial Planeta – España

Obra publicada originalmente en 2019 por TarcherPerigee, un sello de Penguin Random House LLC, con el título *The Daily Zen Journal*

© 2019, Texto: Charlie Ambler
© 2019, Traducción: Enric Batalla

Diseño de portada: Planeta Arte & Diseño / Anilú Zavala
Fotografía de portada: Alice Mourou / Unsplash
Ilustraciones: Iris Gottlieb
Diseño: Pauline Neuwirth

© 2020, Editorial Planeta S.A. – Barcelona, España

Derechos reservados

© 2020, Editorial Planeta Mexicana, S.A. de C.V.
Bajo el sello editorial DIANA M.R.
Avenida Presidente Masarik núm. 111,
Piso 2, Polanco V Sección, Miguel Hidalgo
C.P. 11560, Ciudad de México
www.planetadelibros.com.mx

Primera edición impresa en España: enero de 2020
ISBN: 978-84-480-2665-3

Primera edición impresa en México: septiembre de 2020
ISBN: 978-607-07-7117-0

No se permite la reproducción total o parcial de este libro ni su incorporación a un sistema informático, ni su transmisión en cualquier forma o por cualquier medio, sea este electrónico, mecánico, por fotocopia, por grabación u otros métodos, sin el permiso previo y por escrito de los titulares del *copyright*.

La infracción de los derechos mencionados puede ser constitutiva de delito contra la propiedad intelectual (Arts. 229 y siguientes de la Ley Federal de Derechos de Autor y Arts. 424 y siguientes del Código Penal).

Si necesita fotocopiar o escanear algún fragmento de esta obra diríjase al CeMPro (Centro Mexicano de Protección y Fomento de los Derechos de Autor, http://www.cempro.org.mx).

Impreso en los talleres de Litográfica Ingramex, S.A. de C.V.
Centeno núm. 162-1, colonia Granjas Esmeralda, Ciudad de México
Impreso en México -*Printed in Mexico*

En la mente del principiante
hay muchas posibilidades,
pero en la del experto
hay pocas.

—Suzuki, maestro zen

¿QUÉ ENTENDEMOS POR UNA MENTE DE PRINCIPIANTE?

En la mente del principiante, el mundo se experimenta con ojos nuevos, como los de un niño, pero con la conciencia añadida de la madurez. La meditación revela este sentimiento esencial que es la mente del principiante.

¿POR QUÉ DEBERÍA IMPORTARME?

Dar rienda suelta a una mente de principiante significa experimentar la vida de nuevo, encontrar la alegría allí donde una vez no hallaste más que aburrimiento y oportunidades donde no había más que obstáculos. La mente del principiante no es que sea el camino a la felicidad: es la felicidad.

¿CUÁNDO EMPIEZO?

¡Aquí y ahora mismo!

El propósito de este libro no es adoctrinarte en la ideología zen.

Solo pretendemos darte unas pautas de actuación:

Cómo cuestionar tus pensamientos.

Cómo ver todos los aspectos de las cosas.

Cómo entender tu lugar en el mundo...
y tu propio lugar dentro de ti.

**Deja que los pensamientos vayan
y vengan, pero no les sirvas té.**

—Proverbio zen

Cierra los ojos cinco minutos.

Deja que tu respiración fluya de forma natural.

¿Qué pensamientos acuden a tu mente?

Imagina cada pensamiento entrando en la habitación.

Déjalos ir y venir a sus anchas.

Solo son visitantes que están de paso.

Con el tiempo, tu experiencia en la meditación te llevará a un estado de «no mente», un estado puro en el que puedes estar en calma y no aferrarte a los pensamientos.

¿Qué te sugiere el término «no mente» al escucharlo por primera vez?

¿Y qué es lo que te sugiere «mente de principiante»?

Los siguientes ejercicios están destinados a favorecer que practiques la meditación y a que te sitúes en la zona de la mente de los principiantes.

Practicar a diario te ayudará a cultivar una conciencia profunda, a conocerte a ti mismo, a apreciar la vida y a desarrollar un sentido de gratitud hacia tus seres queridos.

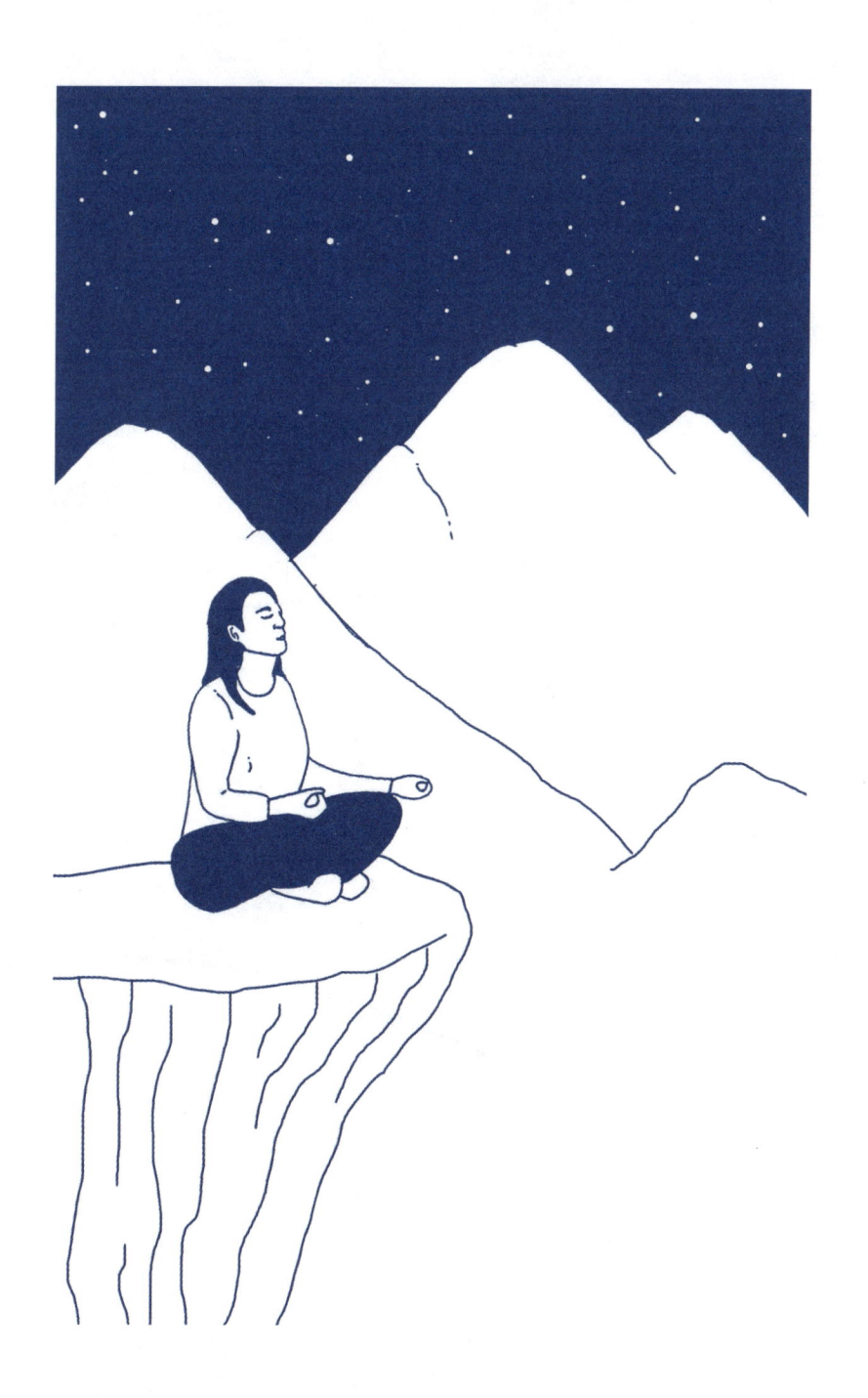

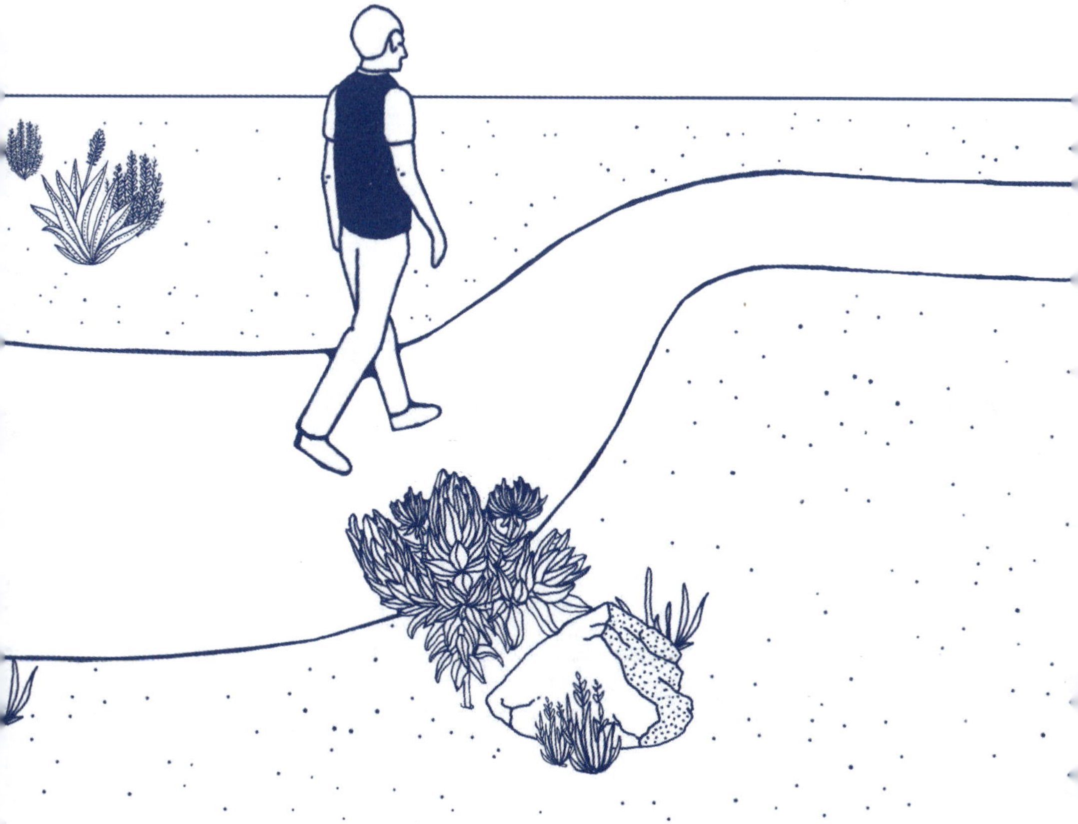

Vuelvo a sentirme como un niño cuando...

¿Quién eres...?

¿... sin tus condicionantes culturales?

¿... sin tu pasado?

¿... sin tus amigos?

¿... sin tu trabajo?

¿... sin tus pertenencias?

¿Quién eres?

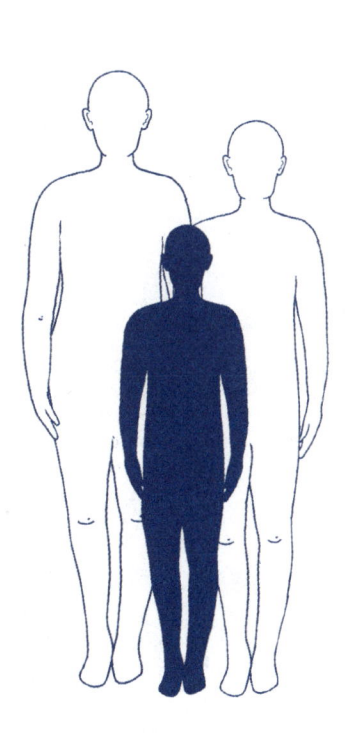

Sal y observa el primer asomo de naturaleza que veas. Fíjate bien en los detalles.

¿Qué es lo que ves?

Llena esta página con tus observaciones.

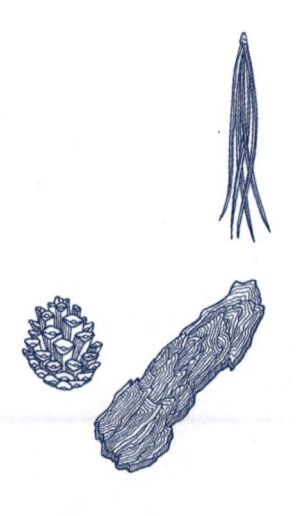

Las flores precisan de la tierra para crecer, de la misma manera que nosotros necesitamos el sufrimiento, el caos y las dificultades para aprender a estar pacientes, alegres y en paz.

El camino para subir una montaña nunca es una línea recta, y la excursión hacia la cima puede ser diferente para cada persona.

La naturaleza nos ayuda a salir de nuestra mente y a ver el mundo tal como es. Podemos entenderlo mejor con una metáfora. Escribe a continuación alguna de tus propias metáforas relacionadas con la naturaleza:

Establece un temporizador de diez minutos.

Siéntate cómodamente en una silla, pero no descanses la cabeza, ¡no te vayas a quedar dormido!

Hagamos un poco de meditación.

Inspira y cuenta hasta 1.
Espira y cuenta hasta 2.
Inspira y cuenta hasta 3.
Espira y cuenta hasta 4.
Y así hasta 10.
Vuelve a empezar contando hasta 1.

Si pierdes la cuenta, vuelve a empezar por el principio.
No fuerces la respiración: deja que fluya de forma natural.

Verás que los pensamientos van y vienen.
Las distracciones estarán al acecho.

Si pierdes la cuenta (que lo harás), debes empezar de nuevo.

Más adelante no necesitarás contar. Pero, por ahora, intenta practicar este ejercicio al menos una vez al día. Puedes probar de añadir cinco minutos a tu práctica cada semana.

Practicar de veinte a treinta minutos al día es una base sólida para la plena consciencia.

¿Qué te vino a la mente durante esta primera sesión?

¿Qué entendemos por «tan solo sentarse»?

Es el estado meditativo en el que tus pensamientos se desvanecen y simplemente eres. Practiquemos cada día la meditación. Hay días en que podemos «tan solo sentarnos». Pero si para ello debemos esforzarnos, será mucho más difícil lograrlo.

Con el tiempo, esta conciencia meditativa va entrenando tu cerebro para que deje de aferrarse tanto a la vida diaria. Puedes estar en paz, simplemente siendo, del mismo modo que puedes hallar la paz solo con estar sentado.

Esto es la mente del principiante. Libre de cargas y preocupaciones y dispuesta a jugar para alcanzar la paz.

¿Cómo te comportarías si no tuvieras competidores?

¿Si no tuvieras ambiciones?

¿Qué harías?

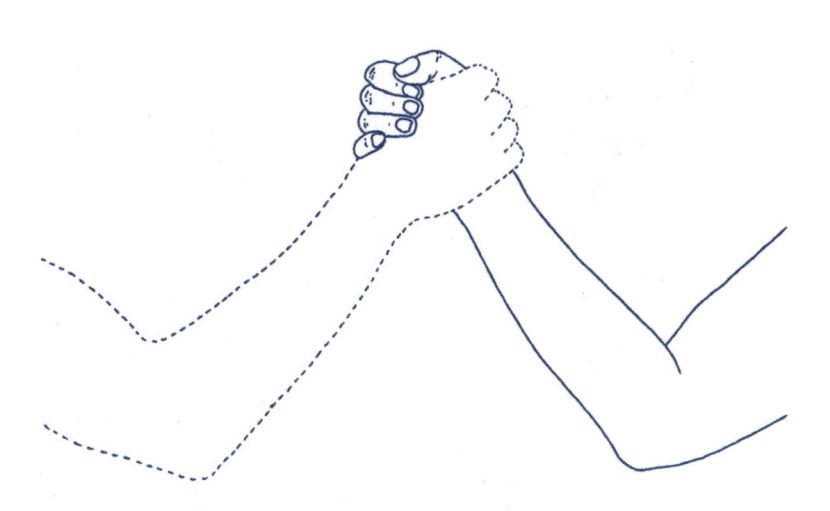

¿Qué lastre deberías soltar para hacer tu vida más ligera?

Cosas del pasado a las que te aferras:

Cosas que te planteas para el futuro:

¿Qué se siente al dar vueltas alrededor de este ciclo?

¿Qué significaría para ti dejarlo ir?

Vuelve a practicar la meditación diez minutos más.

Al terminar, llena las burbujas con los pensamientos que te vengan a la mente. No los fuerces. Ya vendrán.

Quién crees que eres:

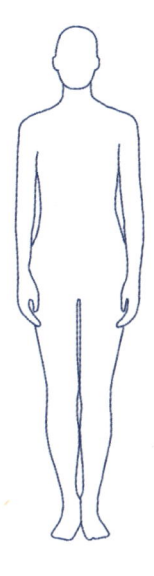

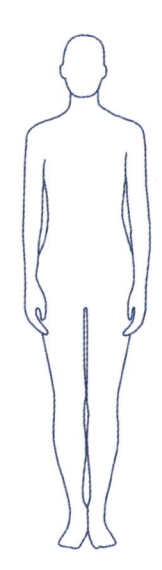

Quién intentas ser:

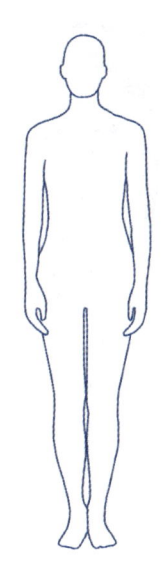

Quién eres:

Tu verdadero yo es quien eres bajo todas tus capas de suposiciones, ideas y condicionamientos. Escucha a tu verdadero yo. Tómate un tiempo si es necesario.

¿Qué estás tratando de decirte a ti mismo?

¿Cómo es ser tú?

Los sabios se adaptan a las circunstancias como el agua a la forma de la jarra.

—Proverbio zen

¿De qué modo has ido cambiando de forma a lo largo de tu vida?

RESPIRA

Toma una foto de esta página y configúrala como fondo de pantalla de tu teléfono móvil.

¿Cuáles son algunos de tus hábitos más antiguos?

¿Cómo puedes volver a hacerlos nuevos?

Durante una semana, imagina que eres un principiante en todas tus actividades, incluyendo pasatiempos y tareas.

¿Qué nuevas experiencias
y perspectivas se han derivado
de ello?

¿Qué hace tu mente cuando dejas ir todos
los pensamientos? ¿Qué produce sin esfuerzo?

En el zen y el taoísmo, es importante el *wu wei*, o la acción a través de la no acción. A menudo hacemos demasiado, creando un caos allí donde debería reinar la simplicidad.

Cuando damos un paso atrás y dejamos que sea la naturaleza quien trabaje con nosotros, contamos con la ayuda de un amigo muy poderoso.

Cuando piensas en el ideal de la vida simple, ¿cuáles son sus características principales? ¿A qué se parece?

Lista de las cosas que crees ahora:

Lista de las cosas que creías hace cinco años:

Cada semana, mira si puedes aumentar cinco minutos tu práctica meditativa. Sin prisa pero sin pausa es como se gana una carrera, ¡excepto que aquí no hay carreras que valgan!

Debes meditar veinte minutos al día,
a menos que estés demasiado ocupado.
En ese caso debes meditar una hora.

—Proverbio zen

INFORMACIÓN que has consumido

Ejemplos:

CONOCIMIENTO que has experimentado

Ejemplos:

SABIDURÍA que se te ha revelado

Ejemplos:

A lo largo de la vida, nunca puedes estar seguro de vivir lo suficiente como para tomarte un respiro.

—Huang Po

Cierra los ojos.

Imagina una película de terror basada en tu vida.
El malo de turno está detrás de todas las cosas que amas.

Escribe cuáles son esas cosas en este cartel de cine.

Planifica tu futuro año a año.

Ahora arranca esa página
y échala a la papelera.

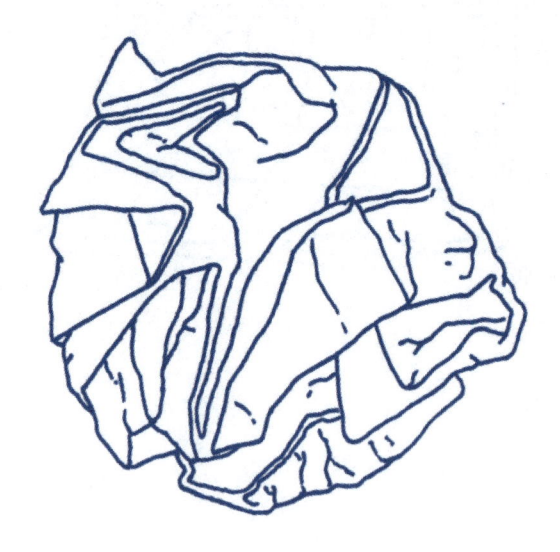

Vivir el presente no significa ser imprudente, sino apreciar cada día plenamente. En lugar de planear a largo plazo, ¡sé agradecido!

ESCRIBE UN TEXTO PONIÉNDOTE AL DÍA.

Guárdalo en lugar seguro y recupéralo al cabo de un año.

Hay algunos proveedores de correo electrónico en los que puedes optar por enviarte un mensaje recordatorio al cabo de un año. Es un buen modo de hacer este ejercicio.

Cosas que crees pero que tienes miedo de compartir con otros:

Los necios rechazan lo que ven.

Los sabios rechazan lo que piensan.

—Proverbio zen

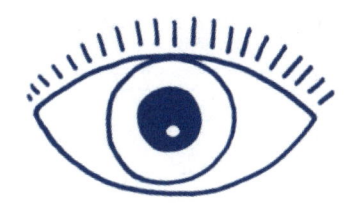

¿Cuándo has rechazado lo que viste?

¿Qué pasó?

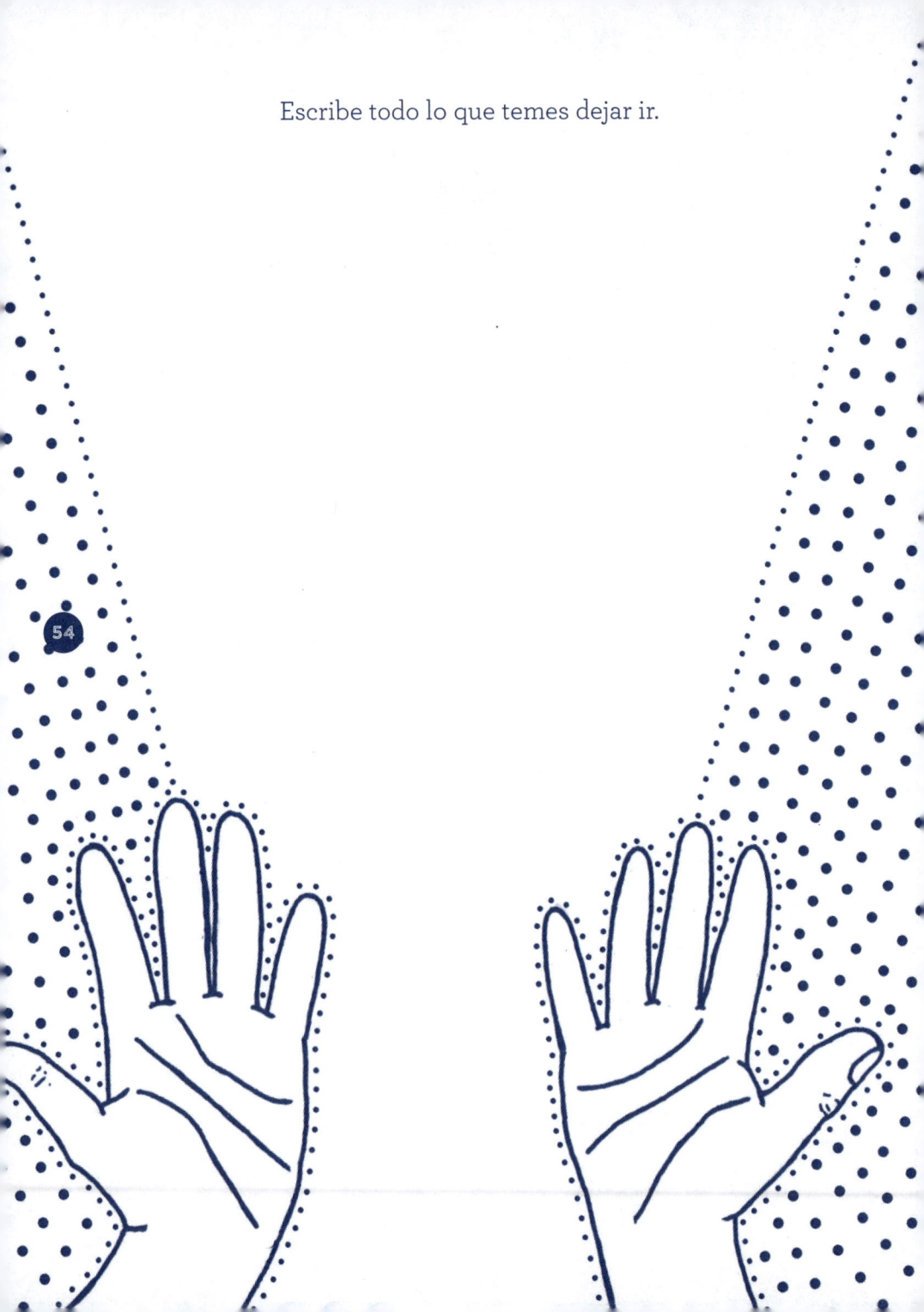

Escribe todo lo que temes dejar ir.

Escribe todo lo que tienes pero te trae sin cuidado.

Etiquétate a ti mismo.

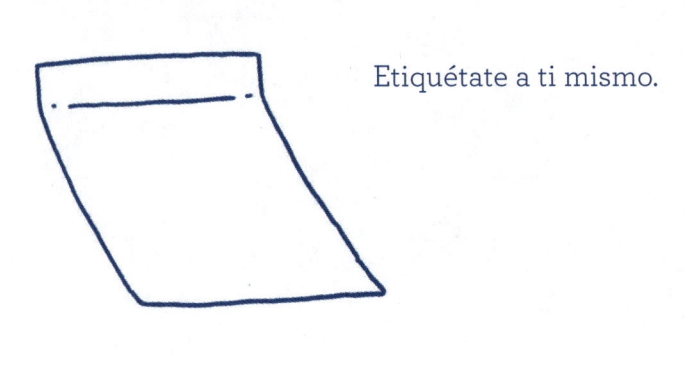

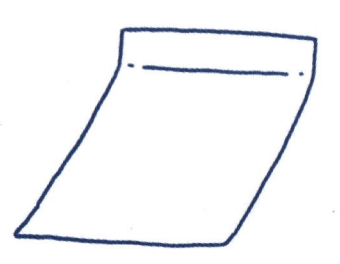

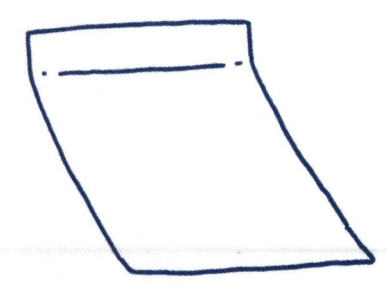

¿En qué medida te hacen sentir cómodo estas etiquetas?

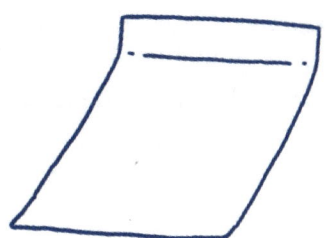

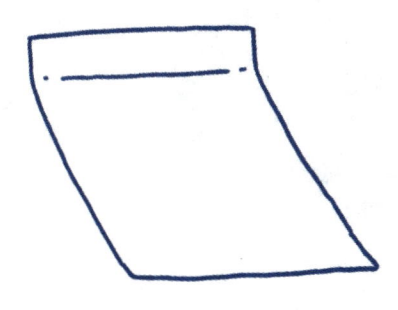

¿En qué medida te limitan?

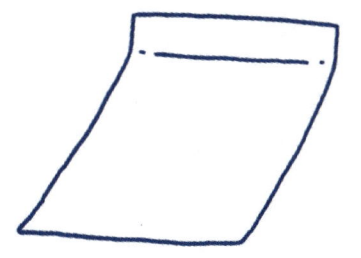

En la meditación, experimentarás breves momentos de felicidad sin pensamientos.

Vienen cuando menos te lo esperas.

Es lo que llamamos *samadhi*, o quietud de la mente.

¿Qué sentimientos emergen de esta conciencia?

Hay un problema que
estás tratando de resolver:

Escribe las preguntas más simples y tontas
que se te ocurran en relación con él.

Respóndelas lenta y metódicamente
y obra a partir de ahí.

Las respuestas a problemas complejos son a menudo muy simples, aunque solemos pasarlas por alto creyendo que lo que necesitamos son soluciones complejas.

Esta vez, coge algo que te moleste
y divídelo en sus más ínfimos átomos:

Un árbol en el viento.

El viento en un árbol.

Todo en mí.

—Koan zen

LEE EL SILENCIO.

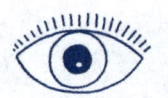

¿Qué significa ser consciente?

¿Qué significa ser compasivo?

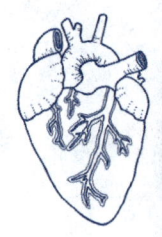

¿Qué significa ser honesto?

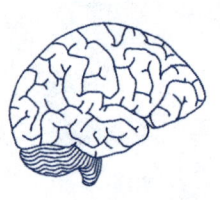

¿Quién es tu archienemigo?

Escribe a esa persona una carta de amor.

Nos obsesionamos con el dinero y el trabajo y, sin embargo, desperdiciamos gran parte de nuestra atención en distracciones sin sentido.

Rellena este círculo con porciones que reflejen cómo usas tu atención.

¿Cómo quieres usar tu atención?

NO INTENTES...

INTENTA...

Dos hombres discutían sobre una bandera ondeando al viento. «Es el viento lo que se está moviendo», declaró el primero.

«No, lo que se mueve es la bandera», sostuvo el segundo. Un maestro zen que pasaba por allí oyó la discusión y los interrumpió.

«No es la bandera ni el viento lo que se está moviendo», dijo. «Lo que se mueve es la mente».

Eres una piedra que alguien ha tirado en un estanque..

Escribe a lo largo de las ondas, de forma abstracta, qué impacto ejerces en los demás.

Imagina los extraordinarios impactos de largo alcance de tus pequeñas acciones.

Date cuenta de lo lejos que puedes llegar.

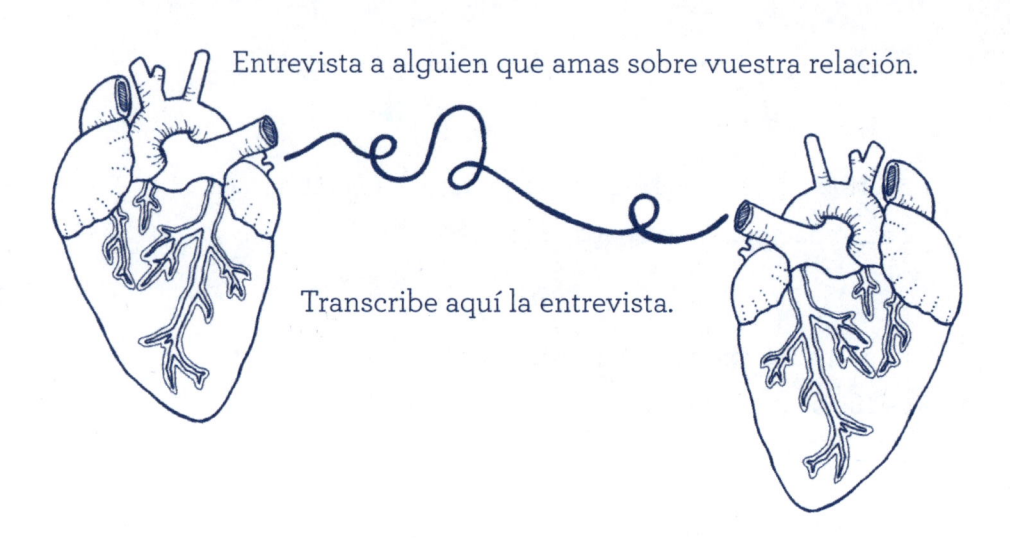

Entrevista a alguien que amas sobre vuestra relación.

Transcribe aquí la entrevista.

Entrevista a un extraño sobre algo que le importe.

Transcribe aquí la entrevista.

**Antes de la iluminación:
cortar madera, acarrear agua.
Después de la iluminación:
cortar madera, acarrear agua.**

—Proverbio zen

La iluminación no es nada especial. Es justo cuando experimentas la plena conciencia del momento presente.

La meditación nos ayuda a traer estos momentos de iluminación a la conciencia más frecuentemente.

¿Qué momentos de iluminación has tenido recientemente?

¿Qué te hace sentir feliz de estar vivo?

Haz una lista de todo por lo que estás agradecido.
Guárdalo en algún lugar donde puedas verlo regularmente.
Yo me hice una foto y me la mandé por correo electrónico.

Intenta practicar la meditación andando.

Deja que se vaya un pensamiento o apego diferente a cada paso.

Con la mente de un principiante, cada actividad puede ser un tipo de meditación. De lo que haces, ¿qué podrías usar como ejercicio para alcanzar la plena conciencia? Para mí, correr, tocar la batería y escribir son, todas ellas, oportunidades para ponerme a meditar.

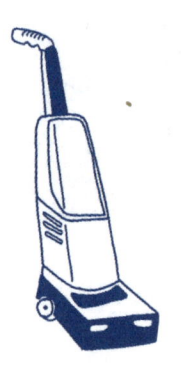

Piensa en una opinión con la que no estés de acuerdo en absoluto.

Escribe un texto con argumentos a favor.

Sé como el agua.

Imagínate a ti mismo...

> ... como un océano.
> ... como un estanque.
> ... como un arroyo.
> ... como un charco.
> ... como una gota de lluvia.
> ... como una nube.
> ... dentro de un vaso.
> ... dentro de una bañera.
> ... dentro de una piscina.

Sé flexible y transparente.

Adáptate a cada nueva situación y experiencia.

La flexibilidad y la fluidez nos hacen fuertes;
la rigidez y la obstinación a menudo nos frenan.

A veces nuestras opiniones nos impiden entender a los demás. Intenta ver a través de los ojos de tus adversarios. Te ayudará a sentir verdadera compasión por todos los seres, por ardua que parezca la tarea.

Si entiendes,

las cosas son tal como son.

Si no entiendes,

las cosas son tal como son.

—Proverbio zen

Llena la página con preguntas hacia ti mismo.

Cierra los ojos. Imagina que el mundo eres tú.

¿Qué te viene a la mente?

Ahora imagina que tú eres el mundo.

¿Qué te evoca esta situación?

Cosas que controlo:

Cosas que no controlo:

¿Cómo sería tu vida si fuera una obra de arte?

¿De qué modo podrías actuar más si fueras su creador?

El sufrimiento puede hacerte bien.

No hay fuerza sin resistencia,
no hay noche sin día.

Reflexioná acerca de un momento en el que el dolor
te haya hecho más fuerte. ¿De qué modo? ¿Por qué?

¡Felicidades, acabas de ganar la lotería!
El dinero ya no es una preocupación.

En ese caso, ¿cómo pasarías el tiempo?

Escribe en el espejo las cosas que temes.

Busca un espejo en casa y dite a ti mismo por qué le temes a estas cosas.

¡Mírate a los ojos!

Llena la página con tus opiniones más preciadas.

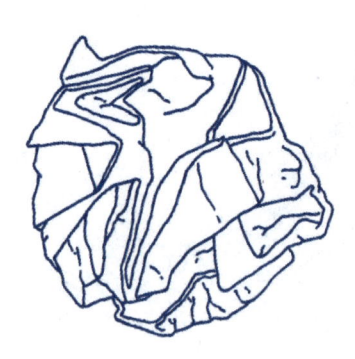

Arranca la página, haz una bola con ella e intenta encestar dentro de la papelera.

¿Qué es lo que más te disgusta en los demás?

¿Qué es lo que más te disgusta de ti mismo?

En cada caso, razona el porqué.

Escribe aquí uno de tus mayores objetivos.

Divídelo en diez objetivos menores.

Divide cada uno de estos diez objetivos en tres aún menores.

Sigue el proceso hasta donde puedas.

Escribe diez quejas.

1.

2.

3.

4.

5.

6.

7.

8.

9.

10.

Replantéalas en forma de chiste.

1.

2.

3.

4.

5.

6.

7.

8.

9.

10.

¿Cuáles son tus peores hábitos? ¿Cuáles consideras que son tus vicios? ¿Qué tipo de problemas te han causado?

¿Cuál es tu rutina de cada mañana?

Mañana, hazlo al revés.

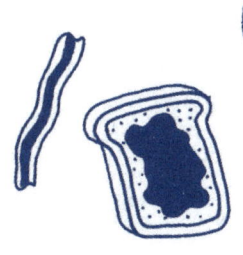

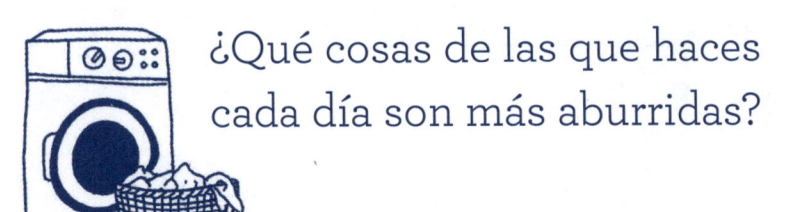

¿Qué cosas de las que haces cada día son más aburridas?

Mañana, proponte tratar cada tarea aburrida como si fuera un ejercicio de meditación.

¿Cómo te sentiste después de hacerlo?

¿De qué manera actúas en tu vida diaria?

¿Qué actividades estás obligado a hacer aunque no lo encuentres natural?

**La parte de atrás
también tiene parte de atrás.**

—Proverbio zen

La parte de atrás
también tiene parte de atrás.

—Proverbio zen

Escribe diez personas a las que ames.

¿Cómo cambiarían tus relaciones con ellas si fueras totalmente honesto con ellas siempre?

Con cada aspiración, inhala una preocupación.

Con cada espiración, déjala marchar.

El obstáculo es el camino.

—Proverbio zen

NADA ES PERMANENTE

Arranca esta página y pégala en algún lugar donde puedas verla cada día.

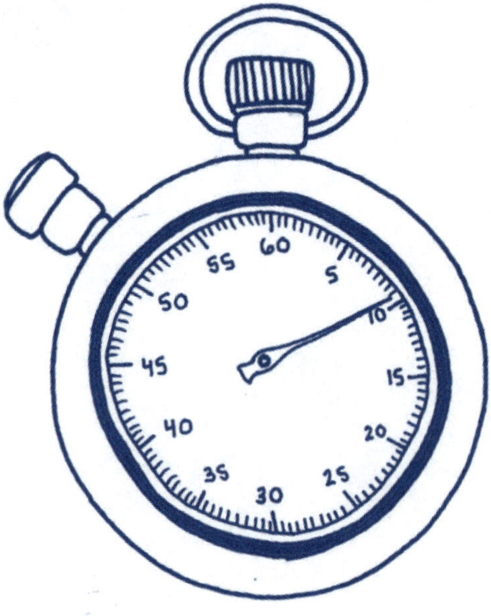
60
5
10
15
20
25
30
35
40
45
50
55

La recompensa de la paciencia
es más paciencia.

—San Agustín

¿Qué cosas de las que haces son completamente innecesarias?

¿Qué cosas de las que haces son absolutamente esenciales?

Cosas que solo sabes a través de los libros:

Cosas que solo sabes a través de la experiencia:

¿De qué modo has cambiado...

... en un año?

... en cinco años?

... en diez años?

... en una semana?

... en un mes?

... en un día?

Nos gusta fingir que somos de piedra, pero siempre estamos cambiando. La mente del principiante sabe reconocer este estado de flujo perpetuo.

¿Qué es lo que más te importa en la vida?

¿Por qué?

¿Por qué?

¿Por qué?

?

?

¿Por qué?

?

?

¿Por qué?

?

¿QUÉ TE ESTÁ FRENANDO?

¿QUÉ TE PREOCUPA ACTUALMENTE?

Imagina cuál sería el peor resultado para cada preocupación.

Si el peor de los escenarios imaginables tampoco es tan terrible y puedes aceptarlo, permanecerás en calma, independientemente del resultado.

El verdadero poder de un molino de viento solo se ve cuando se enfrenta al viento; el de una persona, solo cuando se enfrenta a la adversidad.

—Proverbio zen

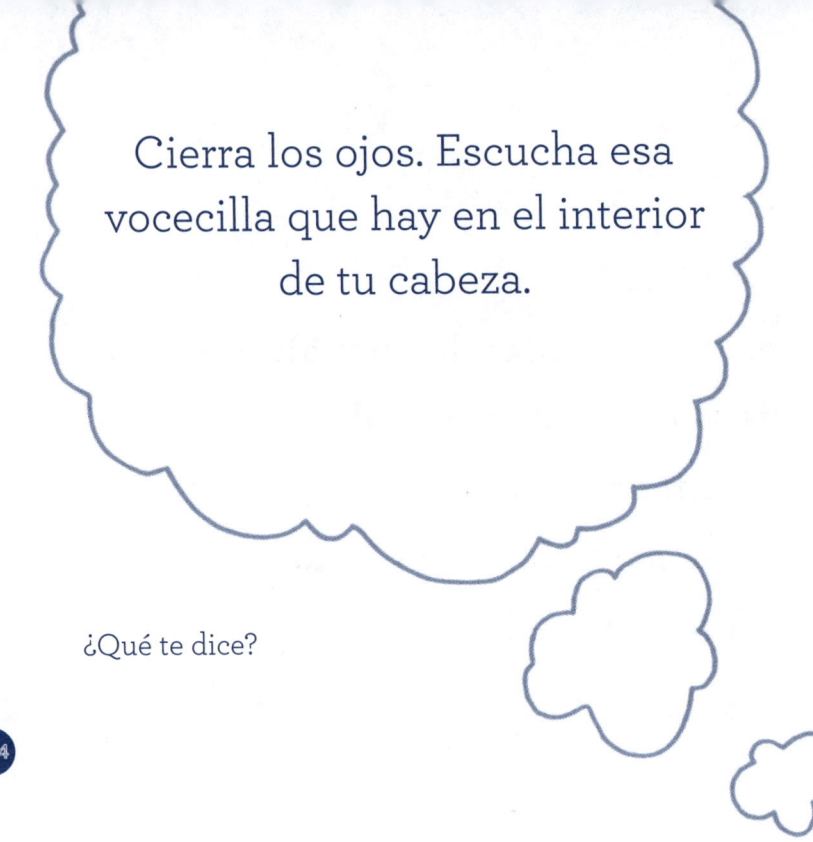

Cierra los ojos. Escucha esa vocecilla que hay en el interior de tu cabeza.

¿Qué te dice?

Etiqueta cada grillete con algo hacia lo que sientas apego.

Haz cada día algo que no te guste.

¿Qué harás hoy?

Pasamos mucho tiempo haciendo, bregando, deseando, pensando, pero la meditación es un proceso de deshacer. Es un contrapeso a todo el drama con el que llenamos nuestras vidas.

¿Qué **necesitas** deshacer?

¿Qué **quieres** deshacer?

¿Qué cosas serían mejores si fueran más simples?

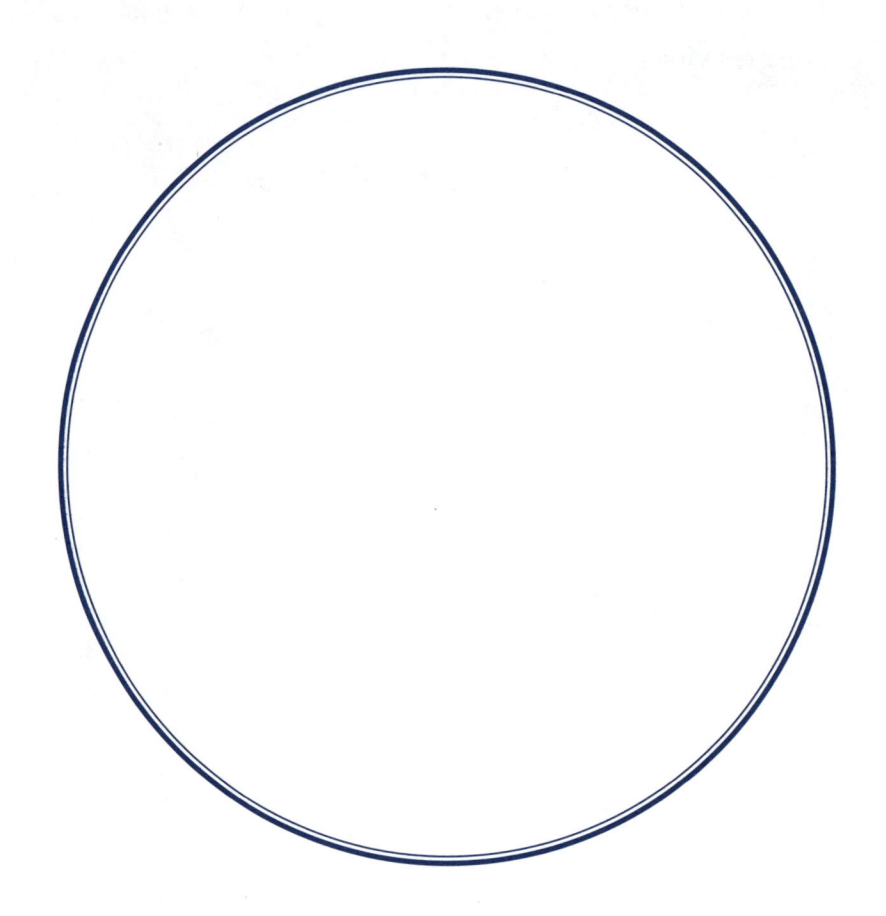

¿Cuáles son los recuerdos más vívidos y felices de tu infancia?

Todos ellos contienen la esencia de la mente del principiante. ¿Cómo puedes cultivar para ti mismo algo parecido ahora?

Di algunos de los recuerdos más oscuros de tu pasado que llevas como bagaje.

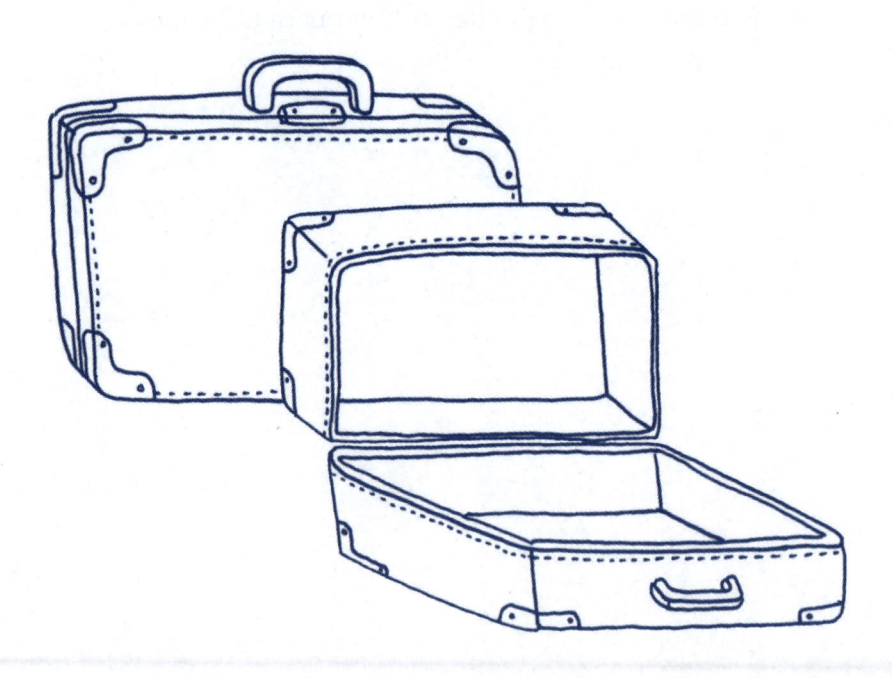

La próxima vez que practiques la meditación, no dejes fuera a la oscuridad. Haz que entre en la habitación y se siente contigo. Mira lo que dice, lo que te enseña. En el zen, reconocemos como maestros tanto a la luz como a la oscuridad.

La oscuridad dice:

Si hoy fuera el último día de tu vida, ¿qué harías? Puede parecer poco original, pero ¿te lo has planteado alguna vez? Es una idea poderosa.

Llena la página con preguntas hacia ti mismo.

Cosas que son ciertas:

Cosas que querría que fueran ciertas:

Déjalo ir o te verás arrastrado.

—Proverbio zen

Escribe tus secretos más recónditos.

¡Perfecto! Ahora ya no son secretos.

Piensa en tu confrontación más reciente.

Qué querías que hubiera ocurrido:

Qué ocurrió en realidad:

Cómo reaccionaste:

Qué harías distinto la próxima vez:

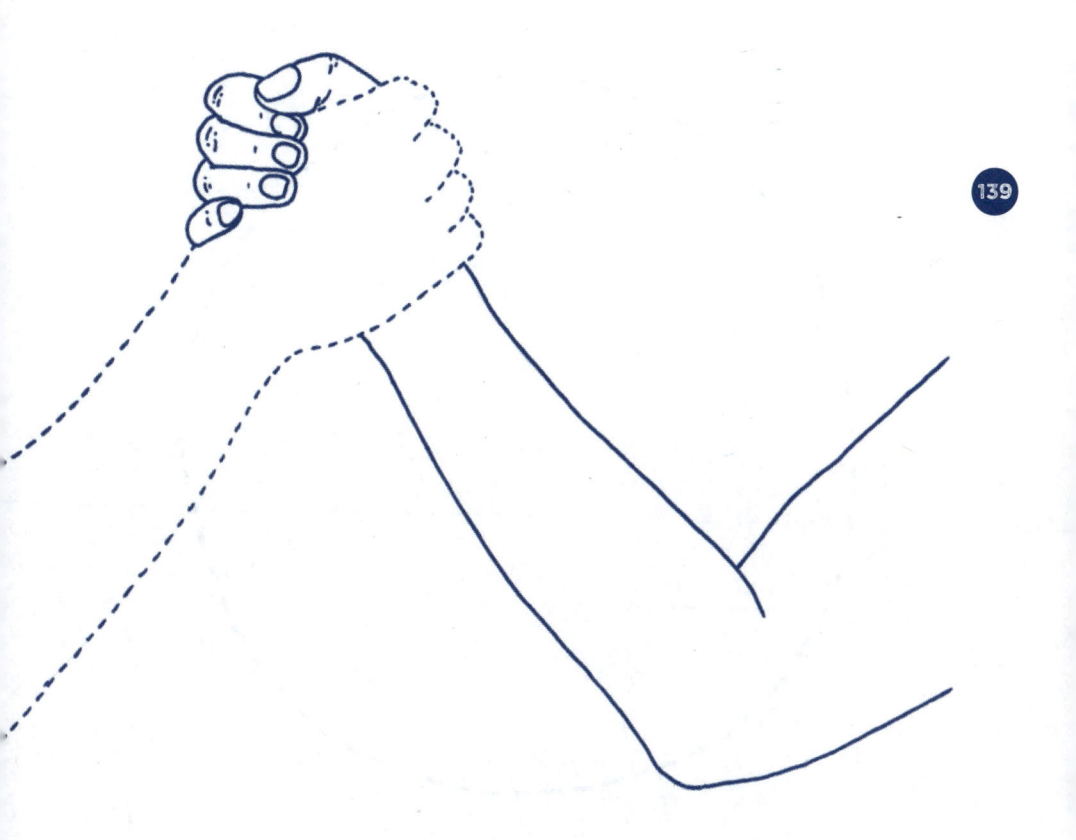

Dibuja el círculo de la manera más lenta y consciente que sepas. Mantén una respiración constante.

Esto es meditación activa.

Intenta hacerlo lo más suavemente posible.

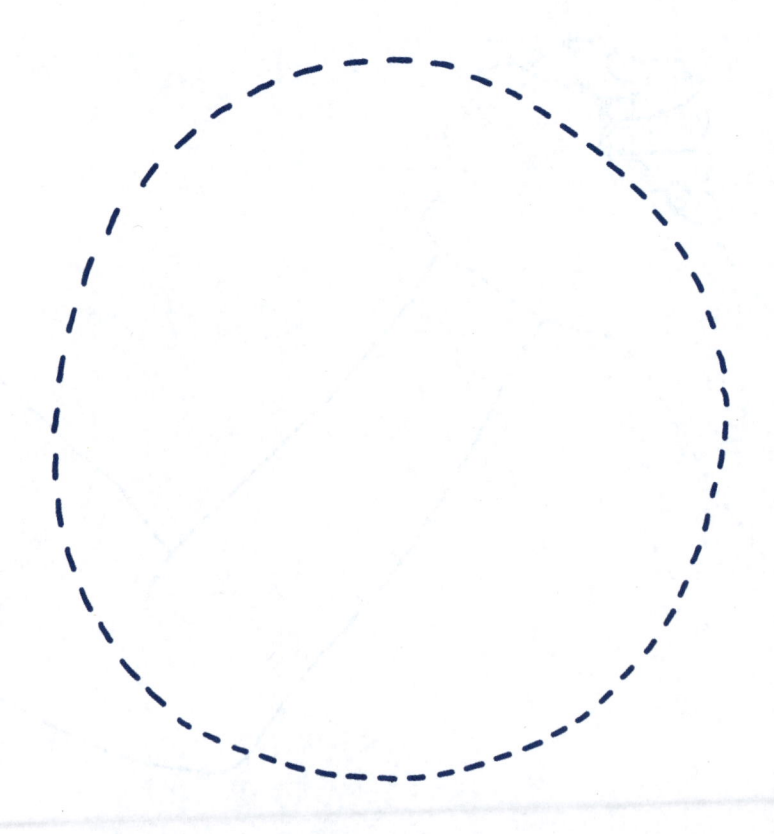

Escribe tres pequeñas notas de agradecimiento para personas especiales de tu vida. Recórtalas y envíalas.

¿Cómo puedo ser amable hoy?

¿Cómo puedo ser auténtico hoy?

¿Cómo puedo estar tranquilo hoy?

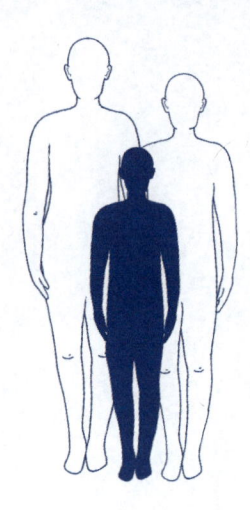

Tu ego te retiene.

Tu verdadero ser te libera.

¿Qué es lo que define a tu ego?

¿Qué es lo que define a tu verdadero ser?

Estar allí donde estés.

¿Dónde estás?

¿Cómo eres? Cava hondo.

¿Por qué buscas tan encarecidamente
la verdad en lugares tan apartados?
Busca el engaño y la verdad en el fondo
de tu propio corazón.

—Ryokan

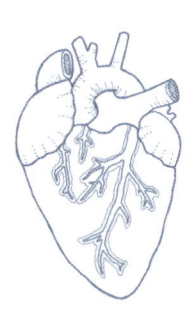

Lo que ansío

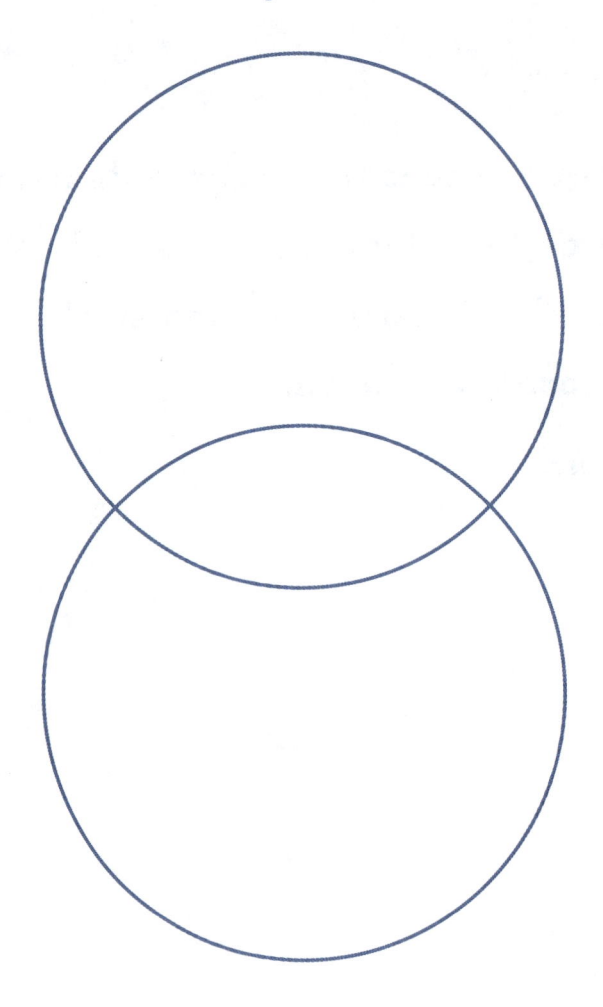

Lo que evito

Llena la página con el mayor número posible de círculos
diminutos. Intenta saborear el momento de creación
de cada uno de ellos, sin importar lo pequeño
o intrascendente que parezca.

Cuando tratamos las pequeñas tareas con el mayor
de los cuidados, el significado de la vida se vuelve más
claro. Los momentos de plena conciencia nos dan paz
y equilibrio.

Ahora dibuja el vacío.

No sigas las ideas de los demás.
Aprende, en cambio, a escuchar
la voz que hay dentro de ti.

—Proverbio zen

¿Qué dice en este momento la voz que hay dentro de ti?

¿Cuál es en este momento tu tarea más acuciante o tu mayor problema?

Escribe cinco maneras distintas de abordarlo.

¿Cómo lo ves ahora?

Deja que la mente sea como un lago, que refleja todas las nubes que pasan por encima de él sin que se le pegue ninguna.

—Proverbio zen

Durante las siguientes veinticuatro horas, intenta ponerte a meditar cada vez que tengas un rato libre. Incluso si se trata tan solo de unos segundos.

Observaciones:

155

¿Cuándo fue la última vez que te equivocaste totalmente acerca de algo o alguien? Describe la situación con todo detalle.

Nada es como parece,
ni es tampoco de otra forma.

—Proverbio zen

Pues bien, nuestro viaje juntos está a punto de terminar. Después de todos estos ejercicios, ¿qué significado tiene ahora para ti el término «no mente»?

¿Y qué te sugiere ahora «mente de principiante»?

Esta semana, haz algo que no te guste como mínimo durante una hora.

¿Qué es lo que hiciste?

¿Cómo fue?

Al evitar todo aquello que no sabemos hacer, evitamos el fracaso. Cuando evitamos el fracaso, evitamos el riesgo. Y al evitar el riesgo, evitamos la vida y nos limitamos claramente.

Teniendo esto en cuenta, ¿cómo te limitas a ti mismo?

El perdón sería una especie de mente de principiante.
Con él regresamos a un nuevo lugar, sin bagaje
ni rencor de ningún tipo.

¿Qué necesitas soltar para perdonar a los demás?

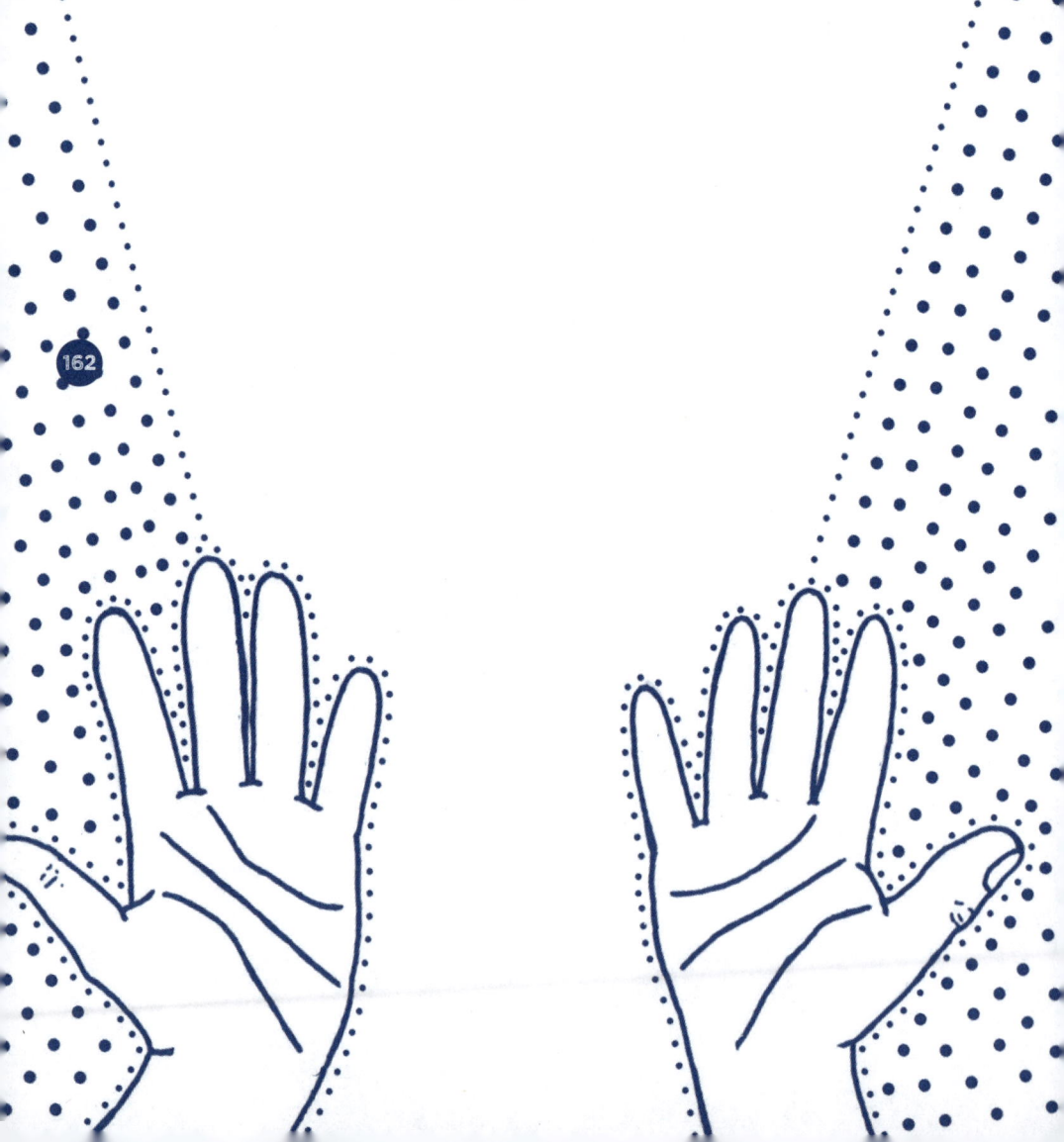

¿En qué has perjudicado a los demás? Si les pidieras perdón, ¿qué significado tendría para ellos?

A veces la vida es un espanto.

Pero enseguida se pasa.

A veces la vida es extraordinaria.

Pero enseguida se pasa.

¿Cómo actuarías de forma distinta si fueras siempre tú mismo en todo momento?

Si descubrieras que todo lo que sabes está equivocado, ¿cómo reaccionarías? ¿Qué harías?

¿Qué podrías hacer para animar a los demás a ser más abiertos y honestos contigo?

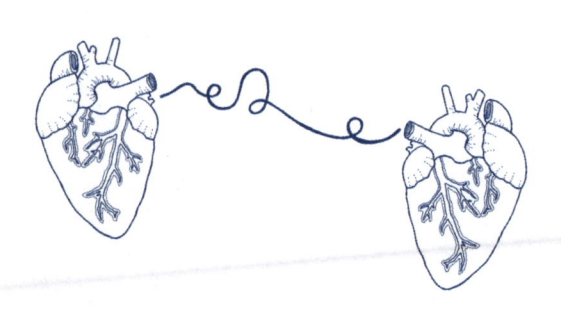

La lista de la semana

- ☐ Meditación diaria
- ☐ Un buen libro
- ☐ Una conversación de calidad
- ☐ Gratitud
- ☐ Un pequeño acto de amabilidad
- ☐ Un pequeño acto de simplificación
- ☐ Cuidarte a ti mismo
- ☐ Pasar tiempo en la naturaleza o con animales
- ☐ Pasar tiempo con los seres queridos
- ☐ Pasar tiempo contigo mismo

Antes de marcharnos, date un poco de espacio.

NOTAS DE MEDITACIÓN

NOTAS DE MEDITACIÓN

NOTAS DE MEDITACIÓN

NOTAS DE MEDITACIÓN

NOTAS DE MEDITACIÓN

NOTAS DE MEDITACIÓN